BEI GRIN MACHT SICH IHR WISSEN BEZAHLT

- Wir veröffentlichen Ihre Hausarbeit, Bachelor- und Masterarbeit

- Ihr eigenes eBook und Buch - weltweit in allen wichtigen Shops

- Verdienen Sie an jedem Verkauf

Jetzt bei www.GRIN.com hochladen und kostenlos publizieren

Hanna Schütrumpf

Vergleich der Dramentheorien Schillers und Dürrenmatts anhand der Werke "Don Carlos" und "Romulus der Große"

GRIN Verlag

Bibliografische Information der Deutschen Nationalbibliothek:

Die Deutsche Bibliothek verzeichnet diese Publikation in der Deutschen National-
bibliografie; detaillierte bibliografische Daten sind im Internet über http://dnb.d-
nb.de/ abrufbar.

Impressum:

Copyright © 2010 GRIN Verlag, Open Publishing GmbH
Druck und Bindung: Books on Demand GmbH, Norderstedt Germany
ISBN: 978-3-640-93597-0

Dieses Buch bei GRIN:

http://www.grin.com/de/e-book/173395/vergleich-der-dramentheorien-schillers-
und-duerrenmatts-anhand-der-werke

Facharbeit
im
Leistungskurs Deutsch
Jahrgangsstufe 12
2009/2010

Vergleich der Dramentheorien Schillers und
Dürrenmatts anhand der Werke „Don Carlos" und
„Romulus der Große"

Inhaltsverzeichnis

1.Einleitung

1.1 Begründung der Themenwahl und Beschreibung der Vorgehensweise

Diese Facharbeit beschäftigt sich mit dem Thema „Vergleich der Dramentheorien Schillers und Dürrenmatts anhand der Werke ‚Don Carlos' und ‚Romulus der Große'" und verfolgt das Ziel, die Unterschiede zwischen Komödie und Tragödie herauszustellen.

Dabei wurden insbesondere die unterschiedlichen Ziele der Autoren und Wirkungen auf den Zuschauer betrachtet und durch welche Darstellung das jeweilige Ziel erreicht wird. Aufgrund der Bearbeitung des Dramas „Don Carlos" von Friedrich Schiller, welche schon im Deutschunterricht stattfand, fiel mir die Wahl auf diese Tragödie sehr leicht, da Schiller mit diesem Werk seine Dramentheorie und Tragödienauffassung verdeutlicht.

Schillers Tragödientheorie wollte ich daher mit einer Komödientheorie vergleichen, um herauszustellen, welche Unterschiede die Theorien im Aufbau und der Handlung aufweisen und welche spezielle Wirkung sie bei dem Zuschauer erzeugen.

Ich bin auf das Werk „Romulus der Große" von Friedrich Dürrenmatt aufmerksam geworden, da die meisten Werke Dürrenmatts' Komödien sind und ich davon ausging, dass er seine eigene Komödientheorie hat.

Um letztendlich ein Fazit ziehen zu können, inwiefern sich Komödien und Tragödien hinsichtlich ihrer Wirkung und ihres Aufbaus unterscheiden, halte ich es für notwendig im ersten Schritt die verschiedenen Dramentheorien im Allgemeinen zu erläutern, damit im nächsten Schritt die Werke auf die Theorien bezogen werden können.

Weiterhin ist es spannend zu sehen, welche Aspekte eine Komödie und welche eine Tragödie kennzeichnen und diese später in den Werken wieder zu finden.

2.Grundlagen zur Dramentheorie und Dramentypen

2.1 Erläuterung der Dramentheorie Schillers

Schiller wendet in vielen seiner Werke die aristotelessche Dramentheorie an, welche eine edle, abgeschlossene Handlung thematisiert, die von bestimmten Charakteren dargestellt wird.

Die Dramentheorie nach Aristoteles (384 v. Chr. -322 v. Chr.) setzt eine gehobene Sprache voraus.

Weiterhin muss eine Einheit zwischen Handlung und Zeit gewährleistet sein, dabei sind beide Faktoren voneinander abhängig, damit die Zuschauer in den einzelnen Situationen mit den Menschen mitfühlen können. Die Handlung gipfelt letztendlich in einem vorbestimmten Ende, welches meist der Tod oder der Untergang des Helden ist.

Das Ziel des aristotelesschen Dramas ist das Gemüt des Zuschauers ins Gleichgewicht zu bringen. Dies geschieht durch die Katharsis[1], welche die beim Zuschauer durch Furcht und Mitleid hervorgerufenen Affekte reinigt. Dabei tritt die Furcht genau dann ein, wenn man ein persönliches Unglück erwartet oder feststellt; Mitleid dagegen entsteht, wenn eine andere Person vom Unglück getroffen wird.

Schiller wählt für sein Drama die geschlossene Dramenform. Diese wird durch eine eindeutige Haupthandlung charakterisiert, die durch einen voraussetzungslosen Beginn und eine endgültige Beendigung der Handlung erreicht wird. Dabei verfolgt das Drama die pyramidale Dramenstruktur nach Gustav Freytag (1816- 1895), welche ebenfalls eine Einheit von Handlung, Zeit und Ort voraussetzt, Ort und Zeit sind dabei beschränkt.

Das Drama ist in 5 Akte eingeteilt, in denen jede Szene aus der anderen hervorgeht und so den linearen Handlungsverlauf unterstützt.

Der erste Akt ist die „Exposition"[2], welche die Aufgabe hat, die Zuschauer in die Handlung einzuführen; im zweiten Akt, welcher als „Steigende Handlung mit erregendem Moment"[3] bezeichnet wird, wird Spannung aufgebaut und die Handlung verläuft in eine bestimmte Richtung. Im dritten Akt, dem „Höhepunkt"[4] führt eine bestimmte Auseinandersetzung zur Zuspitzung des Konflikts und erfordert eine Umkehrung der Handlung. Der vierte Akt, der eine „Fallende Handlung mit

---

[1] Seelische Reinigung, Läuterung. in: Biermann, Schurf 1999, S. 164
[2] Biermann, Schurf 1999, S. 165
[3] Ebd.
[4] Ebd.

retardierendem Moment"[5] beschreibt, steigert die eigentlich ab dem dritten Akt fallende Handlung in einem Moment ein letztes Mal, bis im fünften Akt die „Katastrophe"[6] eintritt, in der der Untergang des Helden folgt. Die Akte sind so konzipiert, dass sie gezielt Spannung auf- und abbauen. Um ein Gleichgewicht der Komposition zu erreichen, sind die 5 Akte spiegelbildlich auf einer Spannungsskala aufgebaut. Somit erreicht das Drama seinen Höhepunkt im dritten Akt, der gleichzeitig als Wendepunkt gilt.[7]

Weiterhin gibt es nur wenige Personen, die von vorneherein im Drama vorkommen; dabei ist es wichtig die Ständeklausel[8] einzuhalten.

Dramen der geschlossenen Form sind meist im Blankvers, einem 5-hebigen Jambus geschrieben und weisen Sentenzenreichtum, einen hohen Sprachstil und Pathos auf.

2.1.1 Kennzeichen der Tragödie

Für Schiller hat die Tragödie eine poetische Absicht. Das Ziel der Tragödie ist es, bei den Zuschauern oder Rezipienten, durch die Handlung Rührung hervorzurufen. Die Tragödie ist frei und nicht mehr an historische Tatsachen gebunden. Sie ist eine Nachahmung einer Handlung, welche das Leiden der Menschen thematisiert.

Weiterhin sollen verschiedene Eindrücke und Vorstellungen des Zuschauers verbunden werden, um „ein Ganzes für unsre Erkenntnis aus[zu]machen"[9]

Eine Lebendigkeit der Handelnden, die Gemeinsamkeiten mit dem Zuschauer aufweisen, bewirkt, dass sich der Zuschauer mit den Figuren und ihrem Leid identifizieren kann und sich letztlich gerührt fühlt.

In der Tragödie hält eine gezielte Vermischung von Spannung und Entspannung die Aufmerksamkeit der Zuschauer gespannt.

2.2 Erläuterung der Dramentheorie Dürrenmatts

Dürrenmatt verfolgt in seinen Werken seine eigene Komödientheorie, welche von seiner pessimistischen Weltanschauung geprägt ist. Für ihn ist die Welt ein unüberschaubares Chaos, welches nur von der Komödie widergespiegelt werden kann.[10]

---

[5] Ebd.
[6] Ebd.
[7] Siehe Diagramm 1 im Anhang
[8] Zuordnung von Figuren bestimmter Stände auf Dramentypen, was durch Sprachniveau und Thematik verdeutlicht wird. Somit finden sich in Tragödien Figuren des Adels und in Komödien Figuren der unteren Schichten.
[9] Schiller über Vollständigkeit und Wahrheit, aus: < http://www.idf.uni-heidelberg.de/mitarbeiter/roesch/04_Lehre>
[10] „Uns kommt nur noch die Komödie bei." Dürrenmatt über Schuld, Tragödie und Übersicht, in: Dürrenmatt 1982, S.76

6

Daher sind für ihn Paradoxien und Konflikte, mit denen er die Wirklichkeit verständlicher machen will, grundlegend.

Dürrenmatt bedient sich in seinen Komödien der Komödientheorie des Aristophanes (450 v. Chr. -380 v. Chr.), welche auf Einfall und Zufall basiert, die Eingriffe in die Realität darstellen und diese zu einer abstrakten, grotesken Wirklichkeit verändern.

Der Einfall ist frei erfunden und dient dazu, die gegenwärtige Situation zu verdeutlichen, indem sie ins Komische und Lächerliche umgestaltet wird. Dadurch wird eine Distanz der Zuschauer erreicht, welche für Dürrenmatt ein wichtiger Bestandteil seiner Theatertheorie ist.

Weiterhin stellt der Einfall in gewisser Weise das Schicksal einer Person dar und übernimmt somit eine entscheidende Rolle für den Verlauf des Dramas. Um die Wirkung des Schicksalsschlages zu verstärken, tritt der Einfall oft unerwartet und plötzlich beim Publikum ein.

Neben dem Einfall ist auch der Zufall in der aristophanen Komödientheorie von Bedeutung. Er tritt meist in der Endphase des Dramas ein und liefert die schlimmstmögliche Wendung des Geschehens[11]. Daher tritt auch er meist unerwartet ein und wirkt bei den handelnden Personen gegenteilig bezüglich des Ziels, das sie erreichen wollen. Durch den Zufall wird eine Identifikation mit der handelnden Person verhindert und so eine Distanz aufgebaut.

Diese Distanz zur eigentlichen Handlung bewirkt eine Übertragbarkeit der Thematik auf die heutige Zeit, wodurch sich die geschichtlichen Aspekte beim Leser auflösen.

So wird sowohl im Einfall als auch im Zufall die Gegenwart einbezogen, was sich durch Handlung und Sprache zeigen kann.

Dürrenmatt wählt Paradoxien und das Groteske als seine wichtigsten Stilmittel. Die Widersprüchlichkeit der Paradoxien bringt Dinge in Einklang, die scheinbar nicht zusammenpassen und somit ist die Paradoxie für Dürrenmatt eine Wirklichkeitserscheinung und ein Kennzeichen der modernen Welt.

Ein typisches Paradoxon in seinen Werken ist der mutige Mensch, welcher auch in scheinbar aussichtslosen Situationen nicht verzweifelt, auf Veränderung hofft und sich durchaus der Aussichtslosigkeit seiner Situation bewusst ist. Durch diesen mutigen Menschen stellt Dürrenmatt die tragischen Momente in seinen Komödien dar.

---

[11] Dürrenmatts 21 Punkte zu den Physikern, Punkt 4 in: Brock- Sulzer 1966, S.193

Das Groteske ist die Basis der Werke Dürrenmatts und wird, wie auch der Einfall und der Zufall, gewählt, um eine Distanz des Zuschauers zu schaffen. Durch das Groteske wird eine skurrile Vereinigung von Lachen und Grauen erreicht, die beim Zuschauer eine Erkenntnis über die Wirklichkeit auslösen soll.

Diese Stilmittel bewirken, dass sich der Zuschauer distanziert und überlistet wird, sich Dinge anzusehen, die er verdrängt. So bekommt die Komödie den Charakter einer „Mausefalle, in die das Publikum immer wieder gerät und immer noch geraten wird"[12], die die Zuschauer allerdings nicht teilnahmslos lässt.

2.2.1 Kennzeichen der Komödie

Die Komödie wird charakterisiert durch die Tatsache, dass sie heutige Probleme und Verhältnisse so darstellt, dass sich der Zuschauer den Charakteren, die diese Probleme zu lösen versuchen, überlegen fühlt.

Durch die Komödie wird eine Katastrophe aufgrund belangloser Ursachen dargestellt; dabei steht der Grund für die Katastrophe in keinem Verhältnis zu dem der Katastrophe an sich, wodurch die Tragödie wieder komisch wirkt.

3.Kurze Vorstellung der Werke

3.1 Vorstellung Schillers Werkes „Don Carlos"

Das Drama „Don Carlos" wurde im Jahre 1787 von Friedrich von Schiller veröffentlicht. Es thematisiert die gesellschaftlichen Intrigen am Hofe Spaniens unter König Philipp dem Zweiten sowie familiäre, soziale Intrigen, welche aus der Liebe der Hauptperson Carlos zu seiner Stiefmutter Königin Elisabeth hervorgehen.

In Aranjuez trifft Carlos seinen alten Freund, den Marquis von Posa wieder, welcher sein uneingeschränktes Vertrauen genießen darf. Ihm offenbart Carlos die Liebe zu seiner Stiefmutter Elisabeth. Posa allerdings ist mit dem Plan, die niederländische Provinz Flandern mithilfe von Carlos zu erobern, nach Spanien gekommen.

Im zweiten Akt bittet Carlos seinen Vater um die Erlaubnis nach Flandern gehen zu dürfen, stößt allerdings auf Ablehnung. Bei einem unfreiwilligen Treffen mit der Prinzessin Eboli bemerkt diese Carlos' Liebe zu Elisabeth und will dem König davon berichten.

---

[12] Brock Sulzer 1966, S.124

Der König sieht im dritten Akt in dem Marquis einen Vertrauten und will sich mit ihm verbünden. Posa verschafft sich Gedankenfreiheit und verteidigt seinen Freund Carlos hinsichtlich der Affäre mit der Königin.

Im vierten Akt beginnt Carlos Posa zu misstrauen, da er von dem Treffen Posas mit dem König weiß. Gegen Carlos wird ein Haftbefehl erlassen, da der Marquis dem König gefälschte Briefe von Carlos und der Königin zeigt. Daraufhin beschuldigt der König Posa dem Verrat.

Später erschießt der König den Marquis, mit dem Carlos Flandern retten will und lässt Carlos von der Großinquisition verhaften. Dies wird mit Carlos' Tod enden.

3.2 Vorstellung Dürrenmatts Werkes „Romulus der Große"

Die ungeschichtliche historische Komödie „Romulus der Große" von Friedrich Dürrenmatt aus dem Jahre 1949 thematisiert den absichtlichen Untergang des Römischen Weltreiches unter Kaiser Romulus.

Dieser verachtet sein Reich für dessen brutale Vergangenheit und sehnt den Einmarsch der feindlichen Germanen herbei, um das Reich zu vernichten.

Anstatt sich mit der Regierung seines Imperiums und der Verteidigung gegen die germanischen Feinde zu beschäftigen, züchtet Romulus lieber Hühner und hält Abstand von politischen Entscheidungen. Weiterhin bleibt Romulus gelassen, als sowohl seine Frau und seine Tochter als auch seine Minister und Bediensteten fliehen oder etwas gegen den germanischen Einmarsch unternehmen wollen.

Romulus wartet förmlich auf die Germanen und will die Schuld, die er gegenüber seinem Volk und seinem Staat verspürt, mit seinem Tod büßen.

Als am Ende die Germanen unter der Führung des Fürsten Odoaker einmarschieren und dem römischen Kaiser nicht feindlich gesinnt sind, sondern sich ihm unterwerfen, bleibt Romulus nichts, als seine Pensionierung und die Schuld, mit der er unweigerlich weiterleben muss.

4.Anwendung der Dramentheorien auf die Werke

4.1 Erklärung der Dramentheorie Schillers anhand des Dramas „Don Carlos"

Schiller verwendet für sein Werk „Don Carlos" die schon in Kapitel 2.1 erläuterte Dramentheorie nach Aristoteles. Demnach muss im „Don Carlos" eine Einheit von Handlung, Zeit und Ort gegeben sein.

Der vorgeschriebene immer- gleich bleibende Ort ist zum größten Teil im Drama wieder zu finden, da sich das Stück hauptsächlich in dem königlichen Palast in Madrid abspielt. Allerdings gibt es einige Ausnahmen, wie zum Beispiel die Gärten in Aranjuez im ersten Auftritt des ersten Aktes und ein Karthäuserkloster im vierzehnten Auftritt des zweiten Aktes.

Diese Orte haben jedoch innerhalb des Dramas eine Funktion: Die Gärten in Aranjuez stehen für die von der Königin gewünschte Freiheit und geben Carlos die Chance der Königin näher zu kommen. Dagegen spiegelt das Karthäuserkloster die Diskretion bezüglich Carlos' Liebe zu Elisabeth wider.

Die Zeitbeschränkung von höchstens 24 Stunden ist im Drama nicht eingehalten, da es eine Dauer von etwa fünf bis sechs Tagen hat.

Ebenfalls nicht erfüllt ist die in sich geschlossene, eindeutige Haupthandlung, die mit Nebenhandlungen verknüpft ist, da es unterschiedliche Handlungsstränge gibt.

Zum einen gibt es einen politischen Handlungsstrang, der sich auf Carlos' und Posas Plan bezieht, Flandern zu retten, der aber auch die Freundschaft der beiden und die Gefährdung dieser durch Machtwünsche erläutert.

Zum anderen liegt ein sozialer Handlungsstrang vor, der Carlos' Liebe zur Königin und die daraus resultierenden Intrigen thematisiert.

Gegeben ist das schon vorbestimmte Ende, welches durch den Tod oder den Untergang des Helden eintritt. Da Carlos am Ende von seinem Vater der Großinquisition überliefert wird, ist sein Tod sicher vorauszusehen.

Schiller hat in seinem Drama die Personen Carlos und den Marquis von Posa, mit ihren Eigenschaften gewählt, um bei dem Leser durch ihr Verhalten Furcht und Mitleid zu erregen, die zu der bei Aristoteles gewünschten Reinigung führen sollen.

Der Marquis von Posa erhält durch sein egoistisches, ignorantes Verhalten und seinen Machtwunsch einen berechnenden, skrupellosen Charakter, der bei den Zuschauern

Furcht auslöst, wohingegen der harmonische, verliebte Carlos, dessen größtes Ziel die Realisierung der Liebe zu seiner Stiefmutter ist, durch Posas Ausnutzung zu seinen politischen Gunsten, Mitleid auslöst.

Durch diesen Wechsel, der sich über das gesamte Drama erstreckt, erreicht Schiller bei den Zuschauern die Katharsis, welche diese zum Nachdenken anregt und eine eigene Erkenntnis bringen soll.

Weiterhin findet sich eine überschaubare Personenzahl Adeliger, die von Anfang an im Drama auftreten wieder. Somit wird auch die Ständeklausel eingehalten und das geschlossene Drama bestätigt.

Vollkommen realisiert ist die pyramidale Dramenstruktur, die in den ersten beiden Akten Spannung aufbaut, im dritten Akt ihren Höhepunkt als Wendepunkt erreicht und in den letzten beiden Akten langsam an Spannung verliert.

Im ersten Akt wird der Leser in die Hauptthematik des Dramas eingeführt. Schon hier wird deutlich, dass Carlos' Liebe gegenüber seiner Stiefmutter nicht zu verwirklichen ist. Weiter wird Posas Plan Flandern mit Carlos' Hilfe zu besetzen im zweiten Auftritt des ersten Aktes deutlich.

Die daraus entstehenden Konflikte werden im zweiten Akt mithilfe des Missverständnisses mit der Prinzessin Eboli, das zu dem Gerücht führt, Carlos habe eine Affäre mit seiner Stiefmutter, dargestellt. Durch die Ablehnung Philipps, Carlos Flandern zu überlassen wird weiterhin das gestörte Vater- Sohn- Verhältnis, welches nicht unwesentlich für den Verlauf des Dramas ist, erläutert und die Spannung gesteigert.

Der Höhepunkt im dritten Akt wird durch das Bündnis Posas mit dem König erreicht, da der Rezipient nicht mehr in der Lage ist, zu entscheiden, auf welcher Seite Posa steht und sich somit der gesamte Verlauf ändern kann.

Im vierten Akt wird durch Carlos' Inhaftierung aufgrund der Briefe an die Königin die fallende Spannung ein letztes Mal gesteigert bis schließlich im fünften Akt die Katastrophe mit dem Tod Posas und der Überlieferung Carlos an die Großinquisition, eintritt.

4.2 Erklärung der Dramentheorie Dürrenmatts anhand des Dramas „Romulus der Große"

Friedrich Dürrenmatt schreibt seine Werke nach seiner eigenen Komödientheorie (vgl. Kap. 2.2), allerdings bedient er sich in seinem Drama „Romulus der Große" der aristotelesschen Einheit von Zeit, Ort und Handlung.

Exakt eingehalten ist die Zeitvorgabe von maximal 24 Stunden, da sich die Handlung „Vom Morgen des 15. bis zum Morgen des 16. März vierhundertsechsundsiebzig nach Christi Geburt"[13] ereignet, was auf den Leser komisch wirken könnte, da der Untergang des gesamten römischen Reiches auf einen Tag beschränkt wird.

Dasselbe lässt sich zur Raumstruktur sagen, da die Handlung nur in der Sommerresidenz des Kaisers, der Villa in Campanien verläuft, was ebenfalls die Tatsache, dass der Untergang des römischen Reiches von einem Landsitz und nicht einer öffentlichen, politisch geprägten Gegend aus beschrieben wird, lächerlich wirken lässt. Weiterhin erscheint die gesamte Handlung, der Untergang des römischen Reiches komisch, da nur Romulus, der sich scheinbar nicht für diesen Untergang interessiert, Entscheidungen treffen kann, dies aber nicht tut. Dieses Faktum verleiht der Handlung einen chaotischen Charakter.

Überdies sind die grundlegenden Stoffe Einfall und Zufall auch im „Romulus der Große" wieder zu finden.

Der Einfall, der das Ziel hat die gegebene Handlung in eine komische, unerwartete, neue Handlung zu verändern, tritt im Drama mit der Besetzung der friedlich gesinnten Germanen ein. Da bis zum vierten Akt Angst und Unruhen vor den Germanen die Situation beherrschen, ist die Tatsache, dass die Germanen kommen, um sich Romulus zu unterwerfen, unerwartet und grotesk.

Der Zufall stellt die schlimmstmögliche Wendung für den Helden im Drama dar. Für Romulus ist diese Wendung zweifelsfrei das mögliche Aufkommen eines neuen germanischen Weltreichs, welches die gleichen Charakteristika besitzt wie das römische. Auch die daraus folgende Konsequenz, nämlich seine Pensionierung ist ein Bestandteil dieser Wendung. Um das germanische Reich unter Odoakers gewaltbereiten Neffen Theoderich zu verhindern, muss Romulus sich von Odoaker pensionieren lassen, da sich weder Romulus noch Odoaker gegenseitig unterwerfen können. Unterwürfe sich

---

[13] Dürrenmatt zu den Personen, Zeit und Ort in: Dürrenmatt, Friedrich. *Romulus der Große. Ungeschichtliche historische Komödie.*

Odoaker Romulus, würde die blutige Politik des römischen Imperiums weitergeführt werden, unterwürfe sich Romulus Odoaker würde eine blutige Herrschaft unter Theoderich drohen.

Unterstrichen wird diese schlimmstmögliche Wendung durch Romulus' Aussage „Die Pensionierung ist wohl das Entsetzlichste, was mir zustoßen konnte."[14]

Zusammenfassend lässt sich sagen, dass Romulus' Plan, das römische Reich zu humanisieren und die Schuld, die er gegenüber dem römischen Volk verspürt mit seinem Tod zu büßen, nicht aufgegangen ist, da ihm nun nichts anderes übrig bleibt, als mit seiner Schuld als Pensionär zu leben.

Durch diese gewissermaßen unmögliche Wendung wird eine Identifizierung des Zuschauers unmöglich und er wird dazu angehalten die Situation auf die heutige Zeit zu übertragen. Da dies von Dürrenmatt gewollt ist, wird in seinen Komödien die Gegenwart mit einbezogen, was auch im „Romulus der Große" am Beispiel der modernen Sprache der Personen deutlich wird:

> Cäser Rupf: Ich habe klipp und klar geschworen, erst eine Hose zu tragen, wenn auch dem hintersten Gemüt ein Kirchenlicht aufgegangen ist, daß ohne Beinkleider die Menschheit zusammenpacken kann. Das ist Berufsehre, Majestät, da kenne ich keine Flausen. Entweder dringt die Hose durch, oder Cäser Rupf dankt ab.[15]

Der mutige Mensch, der in Dürrenmatts Komödien ein häufiges Paradoxon darstellt, ist auch in diesem Drama in der Person des Romulus wieder zu finden. Dabei wird sein Mut durch sein moralisches, nicht durch sein machtpolitisches Handeln ausgezeichnet. Romulus ist sehr menschlich, was sich beispielsweise durch seinen Wunsch des Untergangs des brutalen römischen Reiches zeigt. Diesen hegt er, da er sich gegenüber seinem Volk für die blutige Vergangenheit schuldig fühlt. Romulus verzweifelt nicht an der Realität, sondern erkennt und erträgt sie. Dies wird im dritten Akt, in der Szene, in der Ämilian und einige seiner Minister ihn umbringen wollen und Romulus gelassen bleibt und sich ihnen ausliefert, deutlich. Ferner akzeptiert Romulus die Tragik in der Komödie seines Endes, was ihn ebenfalls als mutigen Menschen auszeichnet.

Kurzum will Dürrenmatt mit dieser Komödie erreichen, dass sich die Zuschauer mit den aus der politischen Macht resultierenden Problemen auseinandersetzen. Diese sollten zu dem Schluss kommen, dass ein gleichzeitig mächtiges aber dennoch gewaltfreies und humanes Weltreich nicht standhaft sein kann.

---

[14] Romulus über die Pensionierung in: Dürrenmatt 1980, S.111
[15] Dürrenmatt 1980, S 41

5.Gegenüberstellung der Dramentheorien

Stellt man die bearbeiteten Dramen „Don Carlos" und „Romulus der Große" gegenüber, lassen sich sowohl Gemeinsamkeiten als auch Unterschiede herausstellen.

Beide Werke sind Dramen der geschlossenen Form, da sie über eine Einheit von Zeit, Ort und Handlung verfügen. Allerdings werden sie nicht allen Vorraussetzungen eines geschlossenen Dramas gerecht.

Im „Don Carlos" ist die Einheit von Zeit, Ort und Handlung nicht exakt eingehalten, was sich aber mit dem epochalen Zusammenhang legitimieren lässt. „Don Carlos" ist ein Drama, das von der Epoche der Aufklärung, die sich in die Epochen Empfindsamkeit und Sturm und Drang unterteilt, bis zur Weimarer Klassik reicht. Im Sturm und Drang standen aufklärerische Gedanken auf Basis von Affekt und Emotionen im Vordergrund. Die Weimarer Klassik hingegen kehrte sich von diesem Gefühlskult ab und berief sich auf die Vernunft.

Da sich der Sturm und Drang von diesen strengen Festlegungen abwandte, kann man das Drama „Don Carlos" durchaus als geschlossen betrachten.

Die Komödie „Romulus der Große" hält sich exakt an die aristotelesschen Vorgaben, was zu Komik des Dramas beiträgt. Allerdings hält „Romulus der Große" nicht die von dem geschlossenen Drama für die Komödie vorgeschriebene Ständeklausel ein, da mit Romulus als Kaiser und seinen Ministern überwiegend Personen des Adels oder der oberen Schicht auftreten.

Ein weiterer Unterschied ist die Anzahl von Akten in den Dramen. „Don Carlos" ist in fünf Akte aufgeteilt, erreicht seinen Höhepunkt im dritten Akt und endet schließlich im fünften Akt mit der Katastrophe in Form von Carlos' vorauszusehendem Tod. Diese exakte Befolgung des pyramidalen Dramenaufbaus nach Gustav Freytag unterstreicht die geschlossene Form des Dramas.

Demgegenüber hat „Romulus der Große" vier Akte. Im dritten Akt wird Romulus' eigentliches Vorhaben, nämlich die Stürzung des römischen Reiches deutlich, was für den Verlauf und das Verständnis des Dramas von großer Bedeutung ist. Allerdings wird sowohl der Höhepunkt als auch die Katastrophe im vierten Akt durch die Besetzung der Germanen und Romulus' Pensionierung, was Romulus' persönliche Katastrophe darstellt, erreicht.

Folglich ist das Ende der Dramen im Prinzip gleich, da es beide Male, zwar auf unterschiedliche Weise, aber dennoch mit dem Untergang des Helden endet.

Hinsichtlich der Intention der Autoren, was sie mit ihrem Drama bewirken wollen und wie sie dies erreichen, gibt es bedeutende Unterschiede.

Schiller will bei dem Zuschauer eine Identifikation mit dem Helden, in diesem Falle Carlos, erreichen. Durch Carlos' Leiden verspürt der Zuschauer Mitleid und fühlt sich in die Situation hinein, was, letztendlich zur Rührung führt.

Dagegen will Dürrenmatt, dass sich die Zuschauer durch Einfall und Zufall von der handelnden Person distanzieren und die im Drama dargestellte Situation auf die heutige Zeit beziehen. Des Weiteren sollen sie basierend auf der Darstellung des Dramas zu einer Erkenntnis über ihre eigene Lage kommen. Daher sind Dürrenmatts Stücke sehr gegenwartsbezogen, was sich vor allem durch die Sprache zeigt, die sich deutlich von der Schillers abgrenzt.

Gewiss lässt sich Schillers Sprachwahl im „Don Carlos" mit dem epochalen Kontext begründen, da vor etwa 220 Jahren ein anderer Sprachgebrauch herrschte, als in der heutigen Zeit. Dennoch setzt das geschlossene Drama eine gehobene Sprache voraus, die durch einen 5-hebigen Jambus, dem Blankvers, unterstrichen wird. Völlig gegen die Vorgaben des geschlossenen Dramas ist die Sprache in Dürrenmatts Werk „Romulus der Große" gewählt. Hier wird vorherrschend in Umgangssprache der heutigen Zeit gesprochen.

Des Weiteren haben die Werke zum Teil Gemeinsamkeiten und zum Teil Unterschiede in ihrer historischen Freiheit beziehungsweise Korrektheit.

Aufgrund der erwünschten Rührung der Zuschauer hat die Tragödie die Freiheit, sich nicht an historische Begebenheiten halten zu müssen. Dies ist bei „Don Carlos" ersichtlich, da es ein frei erfundenes Drama ist, wohingegen Dürrenmatt schon in dem Titel des Dramas die Antithese der ungeschichtlichen, geschichtlichen Komödie aufstellt.

Folglich müssten in Dürrenmatts Werk sowohl historisch belegbare Elemente als auch frei Erfundenes wieder zu finden sein. Nicht real ist der Untergang Roms und die Umstände, die dazu führen. Real sind jedoch einige der Figuren, wie zum Beispiel Romulus und Odoaker. Somit ist eine Kombination von historischem und nicht-historischem, wie auch der Titel besagt, gegeben.

6.Fazit

Im Rahmen der Bearbeitung meines Themas unter der Fragestellung, welche Wirkung die jeweiligen Dramen auf den Zuschauer haben und wie diese von den Autoren erreicht wird, bin ich zu dem Schluss gekommen, dass die Intention des Autors essentiell für die Wirkung auf den Zuschauer ist.

Da Schillers Ziel die Rührung der Zuschauer ist, die er durch die Identifikation dieser mit dem Helden erreicht, wirkt das Drama „Don Carlos" tragisch und dramatisch. Es thematisiert die Schicksalsschläge des Königssohnes Carlos und spielt mit ihnen. Schiller wechselt zwischen Furcht und Mitleid gegenüber Carlos, wodurch sich der Zuschauer in die Thematik „hineinfühlen" und die Tragik nachvollziehen kann.

Dürrenmatt zielt auf einen Bezug der Thematik auf die eigene Situation der Zuschauer, um zu einer Erkenntnis über gegenwärtige Zustände zu kommen. Um dies zu erreichen ist eine Distanz zum Helden und seiner Situation grundlegend, die Dürrenmatt durch Ein- und Zufall gewährleistet. Somit hat das Drama „Romulus der Große" anfangs einen eher lustigen Charakter, macht gegen Ende aber provokant auf politische Missstände aufmerksam. Daher bekommt der Zuschauer die Erkenntnis, dass ein Reich nicht mächtig und human zugleich sein kann.

Im Zuge der Untersuchung des Aufbaus der Dramen konnte ich herausfinden, dass der Aufbau zwar die unterschiedliche Wirkung unterstützt, jedoch nicht ausschlaggebend für den Effekt auf den Zuschauer ist. Sowohl „Don Carlos" als auch „Romulus der Große" sind Dramen der geschlossenen Form und sind pyramidal aufgebaut. Da sie allerdings unterschiedliche Wirkungen auf den Zuschauer haben, kann die Form nicht entscheidend sein.

Literaturverzeichnis

Primärliteratur

Schiller, Friedrich. *Don Carlos. Infant von Spanien.* Husum/Nordsee: Hamburger Lesehefte Verlag 1787

Dürrenmatt, Friedrich. *Romulus der Große. Ungeschichtliche historische Komödie.* Zürich: Diogenes Verlag AG 1980

Dürrenmatt, Friedrich. *Denken mit Friedrich Dürrenmatt.* Zürich: Diogenes Verlag AG 1982

Dürrenmatt, Friedrich. *Schiller. Eine Rede.* Zürich: Peter Schifferli Verlags AG „Die Arche" Zürich 1960

Sekundärliteratur

Brock- Sulzer, Elisabeth. *Friedrich Dürrenmatt. Theater- Schriften und Reden.* Zürich: Peter Schifferli Verlags AG „Die Arche" Zürich 1966

Pfister, Manfred. *Das Drama.* München: Wilhelm Fink Verlag 1984, vierte Auflage

Biermann, Heinrich; Bernd Schurf. *Texte, Themen und Strukturen.* Berlin: Cornelsen Verlag 1999, S.164-165

Internetdatei

Rösch, Gertrud Maria. *Schillers Tragödientheorie.* November 2006
URL: < http://www.idf.uni-heidelberg.de/mitarbeiter/roesch/04_Lehre/WS_06_07/TR-VL-WS0607/Tr06-hd-schilltxt1.pdf > (Stand 10.03.10)

Groß, Gerd. *Literaturgattung- Dramatik.* November 2007
URL: < http://www.literatur-im-foyer.de/Sites/Drama/dramentheorie.htm > (Stand 20.02.10)

Streit von, Angela. *Friedrich Duerrenmatt 1921- 1990.* Juni 1997
URL: < http://oregonstate.edu/instruct/ger341/angela.htm> (Stand 20.02.10)

Huber, Martin; Elisabeth Böhm. *Ständeklausel und Fallhöhe.* Oktober 2005
URL: < http://www.li-go.de/uebungsansicht/dramaalt/staendeklauselundfallhoeheALT.html > (Stand 20.02.10)

Dürrenmatts Theaterauffassung
URL: < home.arcor.de/haselmuki/Duerrenmatts%20Theaterauffassung.doc > (Stand 15.02.10)

Detsch, Roland. *Odoaker*
URL: < http://cpw-online.de/lemmata/odoaker.htm> (Stand 02.03.1